Genussmomente

BACKEN
KLEIN & FEIN

EIN BUCH DER
EDITION MICHAEL FISCHER

INHALTS-VERZEICHNIS

SÜSSE KLEINIGKEITEN 46

GRUNDLAGEN

GRUNDAUSSTATTUNG

BACKFORMEN

Absolut unverzichtbar für die Rezepte in diesem Buch ist natürlich ein Muffinblech. Ihr könnt Muffins zwar auch direkt im Papierförmchen backen, das ist jedoch eine sehr wacklige Angelegenheit, die oftmals in klebrigen Fingern und umgefallenen, teigverschmierten Förmchen endet. Ein Muffinblech in der Standardgröße mit 12 Mulden ist daher dringend zu empfehlen. Wer die Niedlichkeitsstufe noch erhöhen möchte, gönnt sich zusätzlich ein Blech mit 24 kleinen Mulden für zuckersüße Mini-Muffins. Für die etwas ausgefalleneren „Süßen Kleinigkeiten" im letzten Kapitel sind zudem Formen für Madeleines, Soufflés und Co. empfehlenswert.

SPRITZBEUTEL UND TÜLLEN

Wer Cupcakes mit bunten Frostings zaubern möchte, kommt um Spritzbeutel und Tüllen natürlich nicht herum. Tüllen gibt es in zahlreichen Formen, aber keine Angst! Als Grundausstattung reichen erst mal eine Loch- und eine Sterntülle. Auf den Seiten 7–9 bekommt ihr einen kleinen Überblick über die verschiedenen Tüllen und erfahrt außerdem alles Wichtige, was ihr zur Anwendung wissen müsst. Damit gelingen eure Cupcake-Wunder ganz bestimmt!

SONSTIGE KÜCHENHELFER

Anders als beim Kochen ist Backen eine genaue Angelegenheit, bei der man sich möglichst an die Mengenangaben im Rezept halten sollte. Messbecher und Küchenwaage sind daher treue Begleiter in der Backstube. Neben Rührschüsseln, Schneebesen und Backpapier gehört außerdem ein Nudelholz zur Grundausstattung. Am besten solltet ihr auch Zahnstocher für die Stäbchenprobe zur Hand haben, um den Teig während des Backvorgangs besser beurteilen zu können. Dazu steckt ihr gegen Ende der Backzeit mit dem Zahnstocher in den Teig. Bleibt er beim Herausziehen sauber, ohne dass Teigreste daran hängen bleiben, dann ist das Gebäck gar.

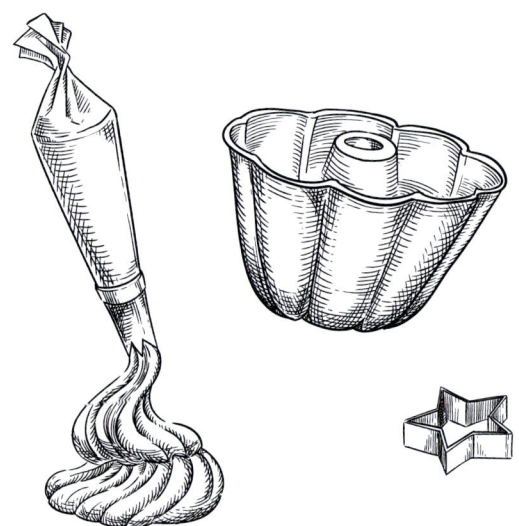

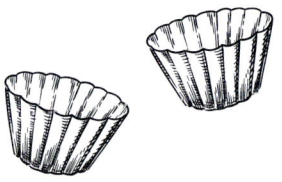

DER PERFEKTE CUPCAKE

DER SPRITZBEUTEL

Zum Befüllen die Spitze des Spritzbeutels abschneiden und mit einer Spritztülle versehen. Den Beutel mittig mit einer Hand umschließen und das Ende des Beutels über die Hand stülpen. So lässt sich der Beutel leichter befüllen. Man kann den Beutel aber auch in ein großes Glas z. B. in ein Weizenglas hängen. Die Creme wird dann mit einem Teigspatel in den Beutel gefüllt. Hierbei kann man die Creme schön an den Fingern oder dem Glasrand abstreifen. Den Beutel nicht zu voll machen. Man sollte ihn nachher noch zusammendrehen können, sonst quillt die ganze Masse oben raus! Beim Aufspritzen die Tülle nie direkt auf die Torte setzen. Immer mit einem kleinen Abstand aufspritzen. Üben kann man ganz einfach auf einem Backpapier. Sollte das Ergebnis nicht gefallen, kann man die Creme wieder zurück in den Spritzbeutel geben.

DIE BUTTERCREME

Wichtig ist immer, dass die Buttercreme nicht zu flüssig oder zu hart ist. Sie sollte auf gar keinen Fall Klümpchen, z. B. vom Puderzucker, enthalten. Dünne Tüllen verstopfen sonst direkt. Sollte während des Aufspritzens die Creme zu weich werden, dann kann man sie für ein paar Minuten in den Kühlschrank legen.

FARBSWIRLS

Um Buttercremes zu färben, wird die Lebensmittelgelfarbe ganz einfach unter die Creme gerührt. Effektvolle Farbswirls lassen sich ganz einfach herstellen. Etwas Frischhaltefolie ausbreiten und die verschiedenfarbigen Cremes nebeneinander aufspritzen. Die Frischhaltefolie zusammenrollen und in den Spritzbeutel setzen. Den Spritzbeutel verschließen und Swirls aufspritzen.

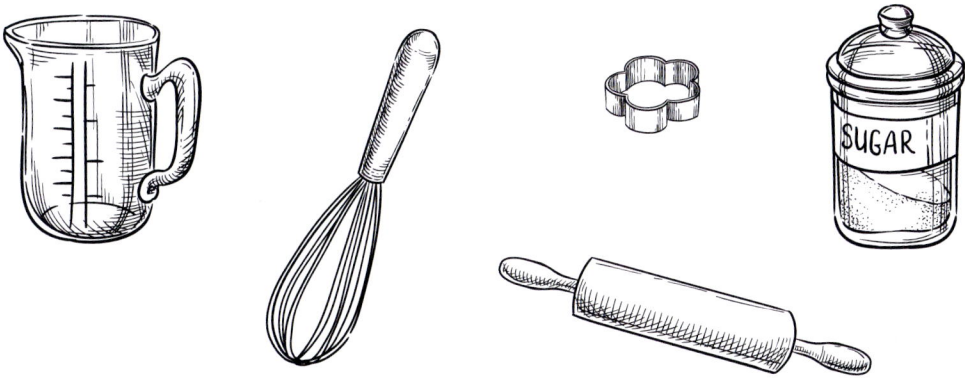

SPRITZTÜLLEN UND SPRITZTECHNIKEN

LOCHTÜLLE

Die einfachste Tülle ist die Lochtülle. Mit ihr kann man Schriftzüge gestalten. Auch einfache Umrandungen sind mit dieser Tülle möglich. Mit einer großen Lochtülle lässt sich auch ein einfacher Swirl von außen nach innen auf einen Cupcake spritzen.

GESCHLOSSENE STERNTÜLLE

Die geschlossene Sterntülle eignet sich für einfache Strukturen, wie z. B. Muscheln, Blüten und Rosetten. Ein Swirl mit dieser Tülle wirkt leicht gerüscht und wesentlich verspielter als mit der offenen Sterntülle.

OFFENE STERNTÜLLE

Mit der offenen Sterntülle lassen sich wunderbar klassische Swirls aus Buttercreme auf Cupcakes spritzen. Auch Baisers lassen sich mit dieser Tülle aufspritzen. Für einen perfekten Swirl die Buttercreme ganz einfach von außen nach innen kreisförmig auf den Cupcake spritzen.

BLÜTENTÜLLE

Mit der Blütentülle lassen sich ganz einfach kleine Blüten spritzen. Hierzu zieht man den Spritzbeutel beim Spritzen gerade nach oben weg. Durch gleichzeitiges Drehen kann man auch gedrehte Blüten spritzen.

ROSENTÜLLE

Bei der Rosentülle ist eine Tüllenseite weiter ge-
öffnet und die andere Seite schmal. So lassen sich
ganz einfach Rüschen und Wellen aus Buttercreme spritzen oder aber Rosen mit einzelnen
Blütenblättern.

HALBRUNDTÜLLE

Mit dieser Spezialtülle lassen sich besonders gut
Tupfen, aber auch kleine Blätter aufspritzen.

BLATTTÜLLE

Mit der V-förmigen Spitze der Blatttülle lassen
sich ganz einfach Blätter aufspritzen. Mit ein
wenig Übung kann man mit dieser Tülle ganz viele
verschiedene Blattformen spritzen.

GRASTÜLLE

Die Grastülle hat mehrere kleine Löcher, mit
denen Strukturen wie Gras oder auch Fell auf-
gespritzt werden können. Besonders schön sieht
es aus, wenn eine gut gekühlte Creme aufge-
spritzt wird.

REZEPTE

HEIDELBEER-
Muffins

FÜR 12 STÜCK

- 70 g sehr weiche Butter
- 100 g Zucker
- 1 TL Vanillepaste
- Abrieb von ½ Bio-Zitrone
- 180 g Joghurt
- 1 Ei (Größe L)
- 170–200 g Heidelbeeren
- 200 g Mehl (Type 405)
- ¼ TL Natron
- Salz
- 1 ½ TL Backpulver
- 3–4 EL brauner Zucker
  (nach Belieben)

Außerdem

- Muffinblech
- 12 Papierförmchen

SO GEHT'S

1 Den Ofen auf 180 °C Ober-/Unterhitze (160 °C Umluft) vorheizen und ein Muffinblech mit 12 Papierförmchen auslegen.

2 Die Butter mit Zucker, Vanillepaste und Zitronenschale cremig rühren. Joghurt und Ei unterrühren. Heidelbeeren waschen und mit 2 EL vom Mehl vorsichtig vermischen. TK-Heidelbeeren vorher in einem Sieb auftauen und abtropfen lassen. Nach dem Waschen sollten die Beeren zwar gut abtropfen, dürfen aber noch leicht feucht sein. Das Mehl, welches beim Vermischen an ihnen hängen bleibt, sorgt dafür, dass die Beeren beim Backen nicht auf den Boden sinken. Das restliche Mehl mit dem Natron, ¼ TL Salz und Backpulver vermischen.

3 Dann erst die Mehlmischung in die Butter-Joghurt-Mischung rühren und zum Schluss vorsichtig die Heidelbeeren unterheben.

4 Mit einem Eisportionierer oder zwei Esslöffeln den Teig auf die Muffinförmchen verteilen. Zum Schluss nach Belieben noch etwas Zucker obendrauf geben, dieser karamellisiert beim Backen und bildet eine superleckere Haube.

5 Die Muffins im heißen Ofen (Mitte) 20–25 Minuten backen, bis die Oberseiten goldbraun sind. Hier sollte nach ca. 15 Minuten eine Stäbchenprobe gemacht werden, um zu sehen, ob die Muffins schon durchgebacken sind. Nach dem Backen sollten sie ca. 10 Minuten abkühlen, bevor sie aus der Form genommen werden können. Auf einem Kuchengitter vollständig auskühlen lassen.

HIMBEER-
Muffins

FÜR 12 STÜCK

– 1 Ei (Größe M)
– 250 g Schmand
– 80 ml neutrales Pflanzenöl
– 80 g Zucker
– 300 g Mehl (Type 405)
– 2 TL Backpulver
– ½ TL Natron
– 200 g Himbeeren

Außerdem

– Muffinblech
– 12 Papierförmchen

SO GEHT'S

1 Den Ofen auf 180 °C (Ober-/Unterhitze) vorheizen. Das Muffinblech mit Papierförmchen auslegen.

2 Das Ei mit Schmand, Öl und Zucker in einer Schüssel verrühren. Das Mehl mit Backpulver und Natron mischen, dazusieben und unter die Schmandmasse rühren.

3 Die Himbeeren verlesen und vorsichtig unter den Teig mischen.

4 Den Teig in die Vertiefungen des Muffinblechs füllen und im heißen Ofen (Mitte) in 20 Minuten goldbraun backen. Die Küchlein herausnehmen und abkühlen lassen.

TIPP

Für ein optisch hübsches Ergebnis unbedingt frische Himbeeren verwenden! Mit TK-Himbeeren schmecken die Muffins zwar auch, der Teig verfärbt sich jedoch.

PFLAUMEN-
Muffins mit Kardamom

FÜR 12–14 STÜCK

- 50 g gebrannte Mandeln
- 200 g Dinkelvollkornmehl
- 50 g gemahlene Mandeln
- Salz
- 2 gestrichene TL Backpulver
- 2 Eier (Größe M)
- 175 g + 1 EL Rohrohrzucker
- 50 g geschmolzene Butter
- 100 g Joghurt (1,5 % Fettgehalt)
- 500 g Pflaumen
- ½ TL gemahlener Kardamom

Außerdem

- Muffinblech
- 12–14 Papierförmchen

SO GEHT'S

1 Die gebrannten Mandeln grob hacken und beiseitestellen. Dinkelvollkornmehl, gemahlene Mandeln, 1 Prise Salz und Backpulver in einer Schüssel miteinander vermischen. Eier und 175 g Rohrohrzucker in einer zweiten Schüssel cremig aufschlagen, Butter und Joghurt hinzugeben und verrühren. Die Mehlmischung zu der cremigen Eimasse geben und nur kurz vermischen. Etwa drei Viertel der gehackten gebrannten Mandeln vorsichtig unter den Teig heben. Den Teig anschließend im Kühlschrank kalt stellen.

2 In der Zwischenzeit den Backofen auf 200 °C (Ober-/Unterhitze) vorheizen. Die Pflaumen waschen, putzen, halbieren und entkernen, dann in eine Schüssel geben und mit Kardamom und 1 EL Rohrohrzucker bestreuen. Darauf achten, dass alle Früchte etwas von der Zucker-Kardamom-Mischung abbekommen.

3 Die Pflaumen auf ein mit Backpapier ausgelegtes Backblech legen und im heißen Ofen ca. 15 Minuten rösten, bis die Früchte weich sind und Saft austritt. Nach dem Rösten kurz auskühlen lassen, dann die Hälfte der Pflaumen in einen Mixer geben und grob pürieren, es darf noch vereinzelt Fruchtfleisch zu sehen sein.

4 Ein Muffinblech mit Papierförmchen auslegen und diese mit Teig befüllen. Nun das Pflaumenpüree auf dem Muffinteig verteilen, mit den verbliebenen Pflaumenhälften belegen und abschließend mit den restlichen gebrannten Mandeln bestreuen.

5 Im heißen Ofen (Mitte) 25–30 Minuten goldbraun backen (Stäbchenprobe machen). Die fertigen Muffins nach dem Backen auf einem Kuchenrost 10 Minuten auskühlen lassen.

LIMO-
Muffins

FÜR 25–30 STÜCK

Für den Teig

- 330 g Zucker
- 1 Pck. Vanillezucker
- 4 Eier (Größe M)
- 200 ml Pflanzenöl
- 300 g Mehl (Type 405)
- 1 Pck. Backpulver
- Salz
- 200 ml Limonade

Für die Glasur

- 200 g Puderzucker
- Saft von ½ Zitrone

Außerdem

- Muffinblech
- 30 Papierförmchen

SO GEHT'S

1 Das Muffinblech mit Papierförmchen auslegen und den Ofen auf 180 °C (Umluft) vorheizen.

2 Für den Teig Zucker, Vanillezucker und Eier mit einem Rührgerät verrühren. Langsam das Öl hinzugeben.

3 Das Mehl mit dem Backpulver und 1 Prise Salz vermengen. Abwechselnd mit der Limo zum Teig geben und alles gut miteinander verrühren.

4 Die Papierförmchen im Muffinblech zu drei Vierteln mit Teig befüllen und anschließend 18 Minuten backen. Wiederholen, bis alle Muffins gebacken sind.

5 Für die Glasur Puderzucker und Zitronensaft verrühren und die Muffins nach Belieben damit bestreichen. Fruchtig gut!

TIPP

Die Menge passt auch in eine klassische Springform mit 26 cm Durchmesser. Den Grundteig kann man schön variieren und wer möchte, kann statt Limonade auch eine andere Flüssigkeit, z. B. Eierlikör, nehmen.

MARMORMINIS

mit Schmand

FÜR 12 STÜCK

- 200 g Butter
- 150 g Zucker
- 2 Eier (Größe M)
- 200 g Mehl (Type 405)
- 1 TL Backpulver
- 200 g Schmand
- 3 EL Backkakao

Außerdem

- Muffinblech
- 12 Papierförmchen

SO GEHT'S

1 Den Ofen auf 180 °C (Ober-/Unterhitze) vorheizen. Das Muffinblech mit den Papierförmchen auslegen.

2 Butter und Zucker in einer großen Schüssel mit dem Handrührgerät schaumig schlagen. Die Eier nacheinander zur Butter-Zucker-Mischung dazugeben und unterrühren. Das Mehl mit dem Backpulver mischen, dazusieben und zügig unter die Eiermasse rühren. Den Schmand ebenfalls einrühren.

3 Die Hälfte des Teigs in die Vertiefungen des Muffinblechs füllen. Den Backkakao mit dem übrigen Teig verrühren. Den Kakaoteig auf den hellen Teig löffeln und mit einer Gabel vorsichtig durchrühren, sodass eine Marmorierung entsteht.

4 Den Teig im heißen Ofen (Mitte) 25 Minuten backen, anschließend die Stäbchenprobe machen. Die Muffins aus dem Ofen nehmen und abkühlen lassen.

TIPP

Marmorkuchen ist ein absoluter Klassiker! Diese Muffins gehen sogar noch schneller und einfacher und sind damit eine praktische Alternative zum beliebten Original.

APRIKOSEN-
Tahin-Küchlein

FÜR 8 STÜCK

- 3 Zuckeraprikosen (130 g)
- 125 g Mehl (Type 405)
- 1 gehäufter TL Backpulver
- Salz
- 80 g weiche Butter
- 70 g Zucker
- 1 Pck. Vanilleextrakt
- 1 Ei (Größe L)
- 1 EL Tahin
- 80 ml Cashewdrink
- Puderzucker (als Garnitur)

Außerdem

- Muffinblech
- 8 Papierförmchen

SO GEHT'S

1 Den Backofen auf 175 °C (Ober-/Unterhitze) vorheizen. Eine Muffinform mit Papierförmchen auslegen.

2 Die Aprikosen waschen und entkernen. 1 Aprikose achteln und die restlichen Aprikosen grob hacken und zur Seite stellen.

3 In einer großen Rührschüssel Mehl, Backpulver und ¼ TL Salz vermischen. Die Butter mit Zucker, Vanilleextrakt, Ei und Tahin cremig schlagen. Das Mehlgemisch zusammen mit dem Cashewdrink unterrühren, bis ein geschmeidiger Teig entsteht.

4 Zum Schluss die groben Aprikosenstücke unter den Teig heben und alles in die Muffinförmchen füllen. Jeden Muffin noch mit einem Aprikosenachtel belegen und im heißen Ofen (Mitte) ca. 20 Minuten goldbraun backen.

5 Nach dem Backen auf einem Kuchenrost vollständig auskühlen lassen. Mit Puderzucker bestäuben und genießen.

TIPP

Tahin ist eine feine Paste aus gemahlenen Sesamsamen, die häufig in der Levanteküche zum Einsatz kommt. Sie kann aber auch sehr gut zum Backen verwendet werden! Wie in diesem Muffinrezept, dem sie eine nussige Note verleiht.

MANGO-
Bienenstich-Muffins

FÜR 9 STÜCK

Für den Teig
– 65 g weiche Butter
– 1 Pck. Vanillezucker
– 100 g Zucker, Salz
– 2 Eier (Größe M)
– 50 g Joghurt
– 25 g gemahlene Mandeln
– 100 g Mehl (Type 405)
– 2 TL Backpulver

Für die Füllung
– 1 Vanilleschote
– 120 g weiche Butter
– 200 g Marshmallow-Fluff
– 1 essreife Mango
– 4 EL Orangensaft
– 1 gehäufter TL Speisestärke
– 1–2 EL Zucker

Für die Mandelkruste
– 100 g Mandelblättchen
– 1 EL Butter, 3 EL Honig

Außerdem
– Muffinblech, Spritzbeutel
– 9 Papierförmchen

SO GEHT'S

1 Den Backofen auf 175 °C (Ober-/Unterhitze) vorheizen. Eine Muffinform mit Papierförmchen auslegen.

2 Für den Teig Butter, Vanillezucker, Zucker und 1 Prise Salz ca. 3 Minuten cremig rühren. Die Eier nacheinander unterrühren und den Joghurt hinzugeben. Mandeln, Mehl und Backpulver unterrühren und zu einem geschmeidigen Teig verarbeiten. Den Teig in die vorbereiteten Papierförmchen füllen und 25 Minuten goldbraun backen. Auf einem Kuchenrost vollständig auskühlen lassen.

3 Für die Vanillecreme die Vanilleschote auskratzen und das Mark mit Butter und Marshmallow-Fluff cremig rühren und kalt stellen. In der Zwischenzeit die Mango schälen und in feine Würfel schneiden. 2 EL Orangensaft mit der Speisestärke verrühren. Mango, restlichen Orangensaft und Zucker in einen Topf geben und bei niedriger Hitze weich kochen. Die Mango mit einem Pürierstab fein mixen, mit der Speisestärke etwas andicken und nochmals aufkochen lassen. Die Mangocreme im Kühlschrank kalt stellen.

4 Nun von jedem Muffin den Deckel abschneiden und beiseitelegen. Die Vanillecreme mit einem Spritzbeutel auf den Muffinboden spritzen. Je 1 TL Mangocreme darauf verteilen. Den Deckel der Muffins wieder draufsetzen und im Kühlschrank kalt stellen.

5 In der Zwischenzeit für die Kruste die Mandelblättchen in einer Pfanne ohne Fett leicht anrösten und herausnehmen. Butter und Honig in die Pfanne geben und karamellisieren lassen. Die gerösteten Mandelblättchen unter die karamellisierte Masse heben und sofort auf den Cupcakes verteilen. Anschließend trocknen lassen.

ORANGEN-

Karamell-Muffins

FÜR 8 STÜCK

Für das Orangen-karamell

- 100 ml Orangensaft
- 300 g Rohrohrzucker
- 50 g weiche Butter
- 125 g Sahne
- Mark von 1 Vanilleschote

Für die Muffins

- 60 g weiche Butter, plus etwas mehr für die Form
- 225 g Dinkelmehl (Type 630)
- 2 TL Backpulver
- Salz, 30 g Kakaopulver
- 100 g Rohrohrzucker
- 1 Ei (Größe L)
- Schale von 1 Bio-Orange
- 100 ml Orangensaft
- 125 ml Milch
- 100 g Zartbitterschokolade

Außerdem

- 8 Förmchen (à Ø 7 cm)
- ½ Bio-Orange
- 8 Kumquats

SO GEHT'S

1 Für das Orangenkaramell Orangensaft und Rohrohrzucker in einem Topf bei niedriger Hitze auflösen. Die Masse so lange kochen, bis sie leicht dickflüssig wird. Nun die Butter unterrühren und anschließend mit der Sahne aufgießen. Die Masse unter ständigem Rühren ca. 20 Minuten bei niedriger Hitze köcheln lassen. (Das Karamell sollte anschließend schön dickflüssig sein!) Zum Schluss das Vanillemark unterrühren. Alles in ein sauberes Glas füllen und im Kühlschrank kalt stellen.

2 Für die Muffins den Backofen auf 190 °C (Ober-/Unterhitze) vorheizen und die Förmchen (oder ein Muffinblech) gut einfetten.

3 Dinkelmehl, Backpulver, 1 Prise Salz und Kakao in einer Schüssel vermischen. In einer Rührschüssel Butter, Rohrohrzucker, Ei, Orangenschale und Orangensaft cremig rühren. Das Mehlgemisch zusammen mit der Milch unter den Teig mischen und zu einem geschmeidigen Teig verarbeiten. Zum Schluss die Schokolade grob hacken und unter den Teig heben.

4 Den Teig in die Förmchen füllen und im heißen Ofen (Mitte) 15 Minuten backen. Nach dem Backen auf einem Kuchenrost vollständig auskühlen lassen.

5 Zum Servieren die Orange in 8 Stücke teilen, die Kumquats halbieren. Die Muffins mit jeweils 1 TL Orangenkaramell bestreichen und mit den Orangenstücken und den Kumquats dekorieren.

VANILLE-

Marshmallow-Cupcakes

FÜR 12 STÜCK

Für den Teig

- 120 g Butter
- 120 g Zucker
- 2 TL Vanillepaste
- 2 Eier (Größe M)
- 200 g Mehl (Type 405)
- 1 ½ TL Backpulver
- Salz
- 100 ml Milch
- 2 EL Naturjoghurt

Für das Frosting

- 80 g Puderzucker
- 80 g Zucker
- 1 Eiweiß (frisch, Größe M)
- 1 Msp. Backpulver
- 180 g weiche Butter
- Salz
- 1 TL Vanillepaste

Außerdem

- Eisportionierer
- Muffinblech, 12 Förmchen
- Spritzbeutel mit Tülle
- Zuckerstreusel

SO GEHT'S

1 Den Ofen auf 180 °C Ober-/Unterhitze (160 °C Umluft) vorheizen. Für den Teig Butter, Zucker und Vanillepaste in einer Schüssel 3–4 Minuten hell-cremig aufschlagen, die Eier nach und nach unterrühren. Mehl, Backpulver und 1 Prise Salz vermischen und im Wechsel mit der Milch und dem Joghurt zum Teig geben und so kurz wie möglich glatt rühren.

2 Mit einem Eisportionierer oder zwei Esslöffeln den Teig gleichmäßig auf die Muffinförmchen verteilen. Die Cupcakes 12–15 Minuten im heißen Ofen (Mitte) backen. Stäbchenprobe durchführen, aus dem Ofen nehmen und komplett auskühlen lassen.

3 Für das Frosting den Puderzucker sieben und beiseitestellen. Den Zucker in einem kleinen Topf mit 60 ml Wasser aufkochen, bis er sich komplett aufgelöst hat. Das Eiweiß in eine Rührschüssel geben und mit dem Backpulver aufschlagen. Während des Aufschlagens den heißen Sirup langsam in einem dünnen Strahl hinzufügen. Die Masse dabei weiter aufschlagen, bis die Creme schön weiß und glänzend aussieht. Den Puderzucker dazugeben und die Creme weitere 3–4 Minuten schlagen.

4 Nun die Butter mit 1 Prise Salz und der Vanillepaste 4–5 Minuten hell-cremig aufschlagen. Nach und nach die Marshmallow-Creme hinzugeben (nach Belieben – je mehr Marshmallow-Creme, desto süßer das Frosting) und das Ganze 2–3 Minuten aufschlagen. Das Frosting nun mit dem Spritzbeutel auf die Cupcakes geben. Nach Belieben mit bunten Zuckerstreuseln verzieren und servieren.

ROSEN-
Cupcakes

FÜR 12 STÜCK

Für den Teig
- 125 g weiche Butter
- 125 g Zucker
- 1 Pck. Vanillezucker
  (alternativ ½ Röhrchen
  Vanillearoma)
- 2 Eier (Größe M)
- 125 g Mehl (Type 405)
- 1 TL Backpulver
- 1 EL Milch
- 3 TL Rosenwasser

Für die Buttercreme
- 70 g weiche Butter
- 50 g Puderzucker
- 150 g Frischkäse
- 200 g Mascarpone
- rosa Lebensmittelfarbe

Außerdem
- Muffinblech
- 12 Papierförmchen
- Spritzbeutel mit
  Rosentülle

SO GEHT'S

1 Den Backofen auf 180 °C (Ober-/Unterhitze) vorheizen. Für den Teig Butter, Zucker und Vanillezucker cremig schlagen. Die Eier einzeln für mindestens 30 Sekunden unterschlagen. Mehl und Backpulver sieben und mischen, dann zusammen mit der Milch kurz unter die Butter-Ei-Masse rühren. Zum Schluss das Rosenwasser unterrühren.

2 Die Förmchen zu zwei Dritteln mit dem Teig befüllen und im heißen Ofen (Mitte) ca. 18 Minuten backen. Die Stäbchenprobe nicht vergessen! Die Muffins aus dem Ofen nehmen und auf einem Kuchengitter auskühlen lassen.

3 Für die Buttercreme die Butter hell aufschlagen. Puderzucker sieben und löffelweise unter die Butter schlagen. Frischkäse und Mascarpone dazugeben und kurz unterschlagen. Die Creme sollte klümpchenfrei sein, da sie sonst nicht sauber durch die Spritztülle gedrückt werden kann. Ein Drittel der Creme rosa färben.

4 Einen Spritzbeutel mit der Rosentülle bestücken und die rosa-farbene Creme an die Innenseite des Spritzbeutels streichen. Die weiße Creme in die Mitte geben. So ergibt sich beim Aufspritzen ein Marmoreffekt. Die Creme auf die Cupcakes spritzen, dabei in der Mitte beginnen und am Rand enden.

HIMBEER-
Brownie-Cupcakes

FÜR 12 STÜCK

Für den Teig

- 250 g Himbeeren
- 115 g Zartbitterschokolade
- 100 g weiche Butter
- 150 Zucker
- 1 Pck. Vanilleextrakt
- 4 Eier (Größe M)
- 100 g Mehl (Type 405)
- 1 TL Backpulver
- 2 EL Kakaopulver
- Salz

Für das Frosting

- 85 g Zartbitterschokolade
- 175 g Frischkäse

Außerdem

- Muffinblech
- 12 Papierförmchen
- Spritzbeutel mit Tülle

SO GEHT'S

1 Den Backofen auf 175 °C (Ober-/Unterhitze) vorheizen und ein Muffinblech mit Papierförmchen auslegen.

2 Für den Teig die Himbeeren verlesen, waschen und auf einem Küchentuch abtropfen lassen. 150 g Himbeeren für die Deko beiseitestellen. Die Schokolade grob hacken, dann mit der Butter über einem Wasserbad schmelzen. Zucker, Vanilleextrakt und Eier cremig rühren und anschließend unter die Schokoladenmasse rühren.

3 Mehl, Backpulver, Kakao und 1 Prise Salz miteinander mischen, über den Schokoladenteig sieben und zu einem geschmeidigen Teig verarbeiten. 100 g Himbeeren vorsichtig unterheben, dann den Teig in die Muffinförmchen füllen. Im heißen Ofen (Mitte) 20–25 Minuten backen. Die Muffins aus dem Ofen nehmen und auf einem Kuchenrost auskühlen lassen.

4 Für das Frosting die Schokolade grob hacken und über einem Wasserbad schmelzen. Den Frischkäse in einer Schüssel cremig rühren und mit der geschmolzenen Schokolade verrühren. In einen Spritzbeutel mit beliebiger Tülle füllen und jeweils einen kleinen Tuff auf die Muffins spritzen. Die Cupcakes nun mit den restlichen Himbeeren dekorieren und im Kühlschrank 1 Stunde kalt stellen.

CHAMPAGNER-
Cupcakes

FÜR 12 STÜCK

Für den Teig
− 1 Bio-Zitrone
− 160 g Butter
− 320 g Zucker
− 1 TL Vanillepaste
− 2 Eier (Größe M)
− 300 g Mehl (Type 405)
− 2 TL Backpulver
− Salz
− 50 g Schmand
− 100 ml Milch
− 100 ml Champagner

Für das Frosting
− 320 g Puderzucker
− 120 g weiche Butter
− 1 TL Vanillepaste
− Salz
− 2 EL Champagner
− 1 TL Zitronensaft

Außerdem
− Muffinblech, 12 Förmchen
− Spritzbeutel mit Sterntülle
− goldene Zuckerstreusel

SO GEHT'S

1 Den Ofen auf 185 °C Ober-/Unterhitze (175 °C Umluft) vorheizen. Ein Muffinblech mit 12 Muffinförmchen auslegen.

2 Die Zitrone heiß waschen, abtrocknen, die Schale abreiben und den Saft auspressen. In einer Schüssel Butter, Zucker, Vanillepaste und Zitronenschale ca. 4 Minuten hell-cremig aufschlagen, die Eier nach und nach unterrühren. Mehl mit Backpulver und 1 Prise Salz vermischen. Schmand, Milch und die Mehlmischung kurz unter die Butter-Ei-Masse rühren. Anschließend den Champagner unterrühren und den Teig gleichmäßig auf die vorbereiteten Muffinförmchen verteilen.

3 Die Muffins 18–20 Minuten im heißen Ofen (Mitte) backen. Nach 15 Minuten die Stäbchenprobe machen. Die Muffins nach dem Backen komplett auskühlen lassen.

4 Für das Frosting den Puderzucker sieben und beiseitestellen. Die Butter mit der Vanillepaste und 1 Prise Salz fluffig aufschlagen. Den Puderzucker hinzugeben und weitere 5 Minuten auf höchster Stufe aufschlagen. Zum Schluss noch den Champagner und den Zitronensaft kurz unterrühren. Mit einem Spritzbeutel mit großer Sterntülle das Frosting auf den abgekühlten Cupcakes verteilen. Für einen extra glamourösen Auftritt die Cupcakes kurz vor dem Servieren mit goldenen Zuckerstreuseln dekorieren.

TIPP

Für eine alkoholfreie Variante einfach den Champagner durch Ginger Ale ersetzen.

RAINBOW-
Cupcakes

FÜR 12 STÜCK

Für den Teig
– 130 g weiche Butter
– 130 g Zucker
– 1 TL Vanillepaste
– 2 Eier (Größe M)
– 250 g Mehl (Type 405)
– Salz
– 1 ½ TL Backpulver
– 80 ml Milch
– backfeste Lebensmittel-
  farben (nach Belieben)

Für das Frosting
– 250 g weiche Butter
– Salz
– 1 Pck. Vanillezucker
– 250 g Puderzucker
– Lebensmittelfarbe

Außerdem
– Muffinblech
– 12 Papierförmchen
– Spritzbeutel mit Tülle

SO GEHT'S

1 Den Ofen auf 180 °C Ober-/Unterhitze (160 °C Umluft) vorheizen und ein Muffinblech mit Papierförmchen auslegen.

2 Die Butter mit dem Zucker und der Vanillepaste hell-cremig aufschlagen und die Eier nach und nach unterrühren, bis die Masse fluffig aussieht. Das Mehl mit 1 Prise Salz und dem Backpulver in einer Schale vermischen und abwechselnd mit der Milch kurz unter die Butter-Ei-Masse rühren. Den Teig auf 6 Schälchen aufteilen und in Regenbogenfarben einfärben.

3 Anschließend jeweils ca. 1 TL von jeder Farbe in die Muffinförmchen geben und glatt streichen. Die Cupcakes im heißen Ofen (Mitte) 20–25 Minuten backen. Kurz vor Ende der Backzeit die Stäbchenprobe machen. Die Muffins auskühlen lassen.

4 Für das Frosting die Butter mit 1 Prise Salz und Vanillezucker cremig aufschlagen, bis die Butter fast weiß ist. Den Puderzucker sieben und nach und nach hinzugeben, bis er vollständig untergerührt ist. Die Creme in mehrere Portionen aufteilen und nach Belieben mit verschiedenen Lebensmittelfarben einfärben.

5 Die eingefärbten Cremes jeweils separat als Rolle in Frischhaltefolie einwickeln, wobei eine Seite der Folie umgeschlagen, also geschlossen wird. Eine Rolle sollte maximal Ø 3 cm haben.

6 Die Rollen mit der offenen Seite nach unten zusammen in einen Spritzbeutel geben und das Frosting auf die Cupcakes aufspritzen. Dabei verbindet sich die Creme zu einem bunten Frosting, ohne dass sich die Farben vorher untereinander mischen.

RED-VELVET-
Cupcakes

FÜR 12 STÜCK

Für das Frosting
- 50 g Mehl (Type 405)
- 225 g Butter, Salz
- 200 g Puderzucker
- ½ TL gemahlener Zimt
- 1 TL Vanilleextrakt

Für den Teig
- 120 g Butter
- 1 TL Vanillepaste
- 125 g Zucker
- 2 Eier (Größe M)
- 200 g Mehl (Type 405)
- ½ TL Backkakao, Salz
- ½ TL Backpulver
- ½ TL Natron
- ½ TL gemahlener Zimt
- 100 g Buttermilch
- backfeste rote Lebensmittelfarbe
- 1 EL Weißweinessig

Außerdem
- Muffinblech
- 12 Papierförmchen

SO GEHT'S

1 Für das Frosting das Mehl und 240 ml Wasser in einem Topf mit einem Schneebesen klümpchenfrei verrühren und bei mittlerer Hitze unter ständigem Rühren erhitzen, bis die Masse andickt. Vom Herd nehmen, direkt mit Frischhaltefolie abdecken und komplett abkühlen lassen.

2 Den Ofen auf 180 °C Ober-/Unterhitze (160 °C Umluft) vorheizen und ein Muffinblech mit Papierförmchen auslegen.

3 Für den Teig Butter, Vanillepaste und Zucker hell-cremig aufschlagen, die Eier nach und nach unterrühren. Mehl mit Kakao, 1 Prise Salz, Backpulver, Natron und Zimt vermischen und sieben. Die Buttermilch mit der roten Lebensmittelfarbe und dem Essig verrühren. Die Mehlmischung und die eingefärbte Buttermilch abwechselnd zur Butter-Ei-Masse geben und kurz glatt rühren. Den Teig gleichmäßig in die Papierförmchen füllen und im heißen Ofen (Mitte) 20–25 Minuten backen. Aus dem Ofen nehmen und komplett auskühlen lassen.

4 In der Zwischenzeit für das Frosting Butter, 1 Prise Salz, Puderzucker, Zimt und Vanilleextrakt hell-cremig aufschlagen. Die abgekühlte Mehlpaste durch ein feines Sieb streichen, und nach und nach hinzufügen. Dann alles 3 Minuten aufschlagen. Das Frosting in einen Spritzbeutel mit großer Sterntülle füllen und die Cupcakes damit dekorieren.

COOKIE-

Cupcakes

FÜR 12 STÜCK

Für den Teig

- 30 Schokokekse mit Vanillecreme (z.B. Oreos)
- 160 g weiche Butter
- 160 g Zucker
- 1 TL Vanillepaste
- 3 Eier (Größe M)
- 100 g Mehl (Type 405)
- Salz
- 30 g Speisestärke
- 30 g Backkakao
- ½ TL Backpulver
- 70 g Buttermilch

Für das Frosting

- 115 g Butter
- Salz
- 1 TL Vanillepaste
- 100 g Puderzucker
- 1–2 EL Milch

Außerdem

- Muffinblech
- 12 Papierförmchen
- Spritzbeutel mit Sterntülle

SO GEHT'S

1 Den Ofen auf 180 °C Ober-/Unterhitze (160 °C Umluft) vorheizen und ein Muffinblech mit 12 Mulden mit Papierförmchen auslegen.

2 12 Schokokekse durch vorsichtiges Drehen trennen. Die weiße Füllung abschaben, in eine Schüssel geben und beiseitestellen. Die Kekshälften grob zerkrümeln und beiseitestellen.

3 Für den Teig Butter mit Zucker und Vanillepaste hell-cremig aufschlagen. Die Eier nach und nach unterrühren, bis die Masse schön fluffig aussieht. Das Mehl mit der Hälfte der Kekskrümel, 1 Prise Salz, Speisestärke, Kakao und Backpulver vermischen und im Wechsel mit der Buttermilch zu der Butter-Ei-Masse geben und kurz vermengen.

4 Nun ein wenig Teig auf die Böden der Förmchen verteilen, jeweils 1 kompletten Cookie darauflegen und leicht andrücken. Anschließend den restlichen Teig gleichmäßig verteilen, sodass die Kekse vollständig bedeckt sind.

5 Im heißen Ofen (Mitte) 25–30 Minuten backen. Nach dem Backen 15 Minuten in der Form abkühlen lassen, aus der Form lösen und auf einem Kuchengitter komplett auskühlen lassen.

6 In der Zwischenzeit für das Frosting die Keksfüllung mit der Butter, 1 Prise Salz und der Vanillepaste hell-cremig aufschlagen. Den Puderzucker sieben und gut unterrühren. Nach Bedarf und Konsistenz des Frostings die Milch dazugeben und ebenfalls gut verrühren. Die restlichen Kekskrümel zur Creme geben. Das Frosting in einen Spritzbeutel mit Sterntülle füllen und auf den Cupcakes verteilen. Die restlichen 6 Kekse waagerecht halbieren und die Hälften auf die Cupcakes setzen.

FRANKFURTER-
Kranz-Cupcakes

FÜR 12 STÜCK

Für das Frosting
- 500 ml Milch
- Mark von 1 Vanilleschote
- 2 Eigelb (Größe M)
- 1 EL Zucker
- 5 TL Speisestärke
- 280 g weiche Butter

Für den Teig
- 180 g Butter
- 150 g Zucker
- 1 Pck. Vanillezucker
- 5 Eier (Größe M)
- 180 g Mehl (Type 405)
- 3 TL Backpulver

Für die Dekoration
- 60 g Johannisbeergelee
- Krokant und Cocktail-kirschen (als Dekoration)

Außerdem
- Muffinblech
- 12 Papierförmchen
- Spritzbeutel mit Sterntülle

SO GEHT'S

1 Zuerst den Pudding für das Frosting zubereiten. Dafür 400 ml Milch mit dem Vanillemark aufkochen. Die restliche Milch mit Eigelb, Zucker und Speisestärke verrühren und unter ständigem Rühren in die kochende Milch gießen. Alles zusammen kurz aufkochen lassen, dann vom Herd nehmen. Mit Frischhaltefolie bedecken und abkühlen lassen.

2 Den Backofen auf 180 °C (Umluft) vorheizen und das Muffin-blech mit Papierförmchen auslegen.

3 Für den Teig die Butter mit dem Zucker und Vanillezucker ver-rühren. Die Eier einzeln unter Rühren hinzugeben und alles gut vermengen. Zum Schluss das Mehl mit dem Backpulver langsam einrühren. Die Papierförmchen zu zwei Dritteln mit dem Teig füllen, anschließend 18 Minuten goldbraun backen. Abkühlen lassen.

4 Mit einem scharfen Messer von jedem Cupcake den Deckel abschneiden und etwas Teig entfernen. Diese Mulde nun mit je 1 TL Johannisbeergelee füllen und anschließend mit dem Teigdeckel verschließen.

5 Den Pudding mit einem Rührgerät aufschlagen, die weiche Butter einrühren und zu einer Creme aufschlagen. Die Buttercreme in einen Spritzbeutel mit Sterntülle geben und dekorativ aufspritzen. Mit Krokant und Cocktailkirschen dekorieren. Anschließend servieren und genießen!

Cupcakes aus
BISKUITTEIG

FÜR 16 STÜCK

Für den Teig
– 60 g Butter, plus etwas mehr für die Form
– 4 Eier (Größe M)
– 125 g Zucker
– 125 g Mehl (Type 405)

Für die Buttercreme
– 300 g zimmerwarme Butter
– 600 g Puderzucker
– 1 EL Vanillearoma
– 3 EL Sahne

Außerdem
– viereckige Springform (24 x 24 cm)
– Spritzbeutel mit Tülle

SO GEHT'S

1 Den Ofen auf 180 °C (Ober-/Unterhitze) vorheizen. Die Springform einfetten. Für den Teig die Butter in einem kleinen Topf auf dem Herd zerlassen und etwas abkühlen lassen.

2 Die Eier ca. 5 Minuten in warmes Wasser legen (dann gehen sie hinterher besser auf). Danach die Eier mit dem Zucker in eine Schüssel geben und mit den Quirlen des Handrührgeräts 10 Minuten aufschlagen, bis die Masse aufhellt und sich verdoppelt hat.

3 Das Mehl portionsweise zu den Eiern sieben und mit einem Küchenspatel unterrühren. Nicht zu fest schlagen und nicht die Quirle verwenden, sonst wird die Masse beim Backen fest.

4 Die zerlassene Butter mit 2 EL Teig verrühren und dann portionsweise mit dem Spatel unter den restlichen Teig rühren. Nun den Teig in die Backform füllen und im heißen Ofen (Mitte) in 30 Minuten goldbraun backen. Dann die Stäbchenprobe machen.

5 Den Biskuit abkühlen lassen, dann mit einem runden Ausstecher (ca. 6 cm Ø) 16 Kreise ausstechen und auf einen Teller setzen.

6 Für die Buttercreme die zimmerwarme Butter mit 200 g Puderzucker 5 Minuten cremig rühren. Noch einmal 200 g Puderzucker dazugeben und weitere 5 Minuten cremig rühren. Den restlichen Puderzucker mit dem Vanillearoma und der Sahne in einer Schüssel verrühren und portionsweise unter die Buttermasse rühren. Alles ca. 5 Minuten schlagen, bis die Masse luftiger wird.

7 Die Creme in einen Spritzbeutel mit einer Tülle mit mittlerer Öffnung füllen und die Cakes spiralförmig damit dekorieren.

CHOCOLATE-
Lava-Cakes

FÜR 6 STÜCK

- 90 g Butter, plus etwas mehr für die Förmchen
- 90 g Zartbitterkuvertüre (55–60 % Kakaoanteil)
- 3 Eier (Größe M)
- 100 g Zucker
- 1 TL Vanillepaste
- 45 g Mehl (Type 405)
- 15 g Backkakao
- Salz

Außerdem

- 6 Soufflé-Förmchen (oder andere runde, ofenfeste Förmchen mit 175–180 ml Fassungsvermögen)
- Puderzucker

SO GEHT'S

1 Die Soufflé-Förmchen mit Butter einfetten. Anschließend einen Bogen Backpapier in passende Streifen schneiden und Rand und Boden der Formen damit auslegen.

2 Die Kuvertüre grob hacken und mit der Butter über dem Wasserbad schmelzen. Achtung, es darf kein Wasser in die Masse gelangen und das Ganze darf nicht zu heiß werden.

3 Die Eier mit Zucker und Vanillepaste cremig aufschlagen. Nun die Butter-Schoko-Masse hinzufügen und gut unterrühren. Mehl, Kakao und 1 Prise Salz vermischen, sieben und kurz unter die restliche Masse rühren. Den Teig in die vorbereiteten Formen füllen. Die Förmchen mindestens 3 Stunden in den Kühlschrank stellen. Durch den langen Kühlvorgang sind sie außen schneller durchgebacken als in der Mitte.

4 Den Ofen auf 180 °C Ober-/Unterhitze (160 °C Umluft) vorheizen. Je nachdem wie flüssig der Kern sein soll, müssen die Küchlein zwischen 9–14 Minuten backen. Achtung, ab 12 Minuten garen sie ganz fix! Aber: Jeder Ofen verteilt die Wärme etwas anders. Deshalb können die Backzeit und der jeweilige Garpunkt immer variieren. Wichtig: Nach dem Backen direkt aus den Förmchen stürzen, mit Puderzucker bestäuben und servieren.

TIPP

Alternativ je ein Stück Zartbitterschokolade in die Mitte jedes Förmchens geben und die Törtchen ungekühlt (!) 10–12 Minuten backen. Die Cakes backen durch und die geschmolzene Schokolade sorgt für den Lava-Effekt, ohne rohen Kuchenteig.

LATE-SUMMER-
Meringue-Mess

FÜR 2 BACKBLECHE

– 150 g Zucker
– 1 TL Zitronenabrieb
– 3 Eiweiß (Größe M)
– Salz
– 500 g Erdbeeren
– 1 Stängel Minze

SO GEHT'S

1 Den Backofen auf 100 °C (Ober-/Unterhitze) vorheizen und zwei Backbleche mit Backpapier auslegen.

2 Den Zucker mit dem Zitronenabrieb vermischen. In einer großen, fettfreien Schüssel Eiweiß mit 1 Prise Salz steif schlagen. Für die Baisers den Zitronenzucker unter ständigem Rühren langsam einrieseln lassen. Die Masse so lange weiterrühren, bis sich der Zucker gelöst hat und eine feste, glänzende Creme entstanden ist.

3 Mit einem Esslöffel die Creme als kleine Häufchen auf die Backbleche setzen. Die Baisers im heißen Ofen 1 ½ Stunden trocknen lassen.

4 In der Zwischenzeit die Erdbeeren waschen, verlesen und auf einem Geschirrtuch trocknen lassen. 400 g Erdbeeren mit der Minze pürieren und im Kühlschrank mindestens 30 Minuten kalt stellen. Die restlichen Erdbeeren halbieren.

5 Nach Backzeitende den Backofen ausschalten, die Ofentür leicht öffnen, einen Kochlöffel dazwischenklemmen und die Meringue darin auskühlen lassen. Achtung, die Baisers nicht sofort aus dem Backofen nehmen, da sie sonst brechen.

6 Die Baisers auf einer Platte anrichten, mit der Erdbeersauce beträufeln, mit den halbierten Erdbeeren dekorieren und genießen.

ROTWEIN-
Madeleines

FÜR 36–40 STÜCK

Für den Teig

– 60 g Butter, plus etwas
mehr für die Form
– 60 g Mehl (Type 405)
– ½ TL Backpulver
– 1 TL Backkakao
– 25 g gemahlene Mandeln
– ½ Pck. Vanillezucker
– 50 g Zucker
– 1 Ei (Größe M)
– 60 ml Rotwein

Für die Glasur

– 60 g Puderzucker
– 2 EL Rotwein

Außerdem

– Madeleine-Blech

SO GEHT'S

1 Den Ofen auf 180 °C (Umluft) vorheizen. Das Madeleine-Blech
mit etwas Butter leicht einfetten.

2 Das Mehl mit dem Backpulver, Kakao und den Mandeln vermengen und beiseitestellen.

3 Butter mit Vanillezucker, Zucker und dem Ei verrühren. Im Wechsel nun die Mehlmasse mit dem Rotwein dazugeben und alles gut
verrühren.

4 Je 1–2 TL Teig in die Madeleine-Formen geben und anschließend
7–8 Minuten backen, bis die Ränder goldbraun werden. Die Madeleines abkühlen lassen und aus der Form stürzen. Vorgang wiederholen, bis der Teig aufgebraucht ist.

5 Für die Glasur den Puderzucker mit dem Rotwein zu einer zähen
Masse verrühren und die abgekühlten Madeleines damit besprenkeln.

_____

TIPP

Damit dieses beliebte französische Gebäck seine typische Form
erhält, brauchst du unbedingt ein Madeleine-Blech. Die Anschaf-
fung lohnt sich aber auf jeden Fall, denn Madeleines sind nicht nur
lecker und perfekt als Geschenk oder Mitbringsel geeignet – sie
werden auch nie langweilig, weil man sie in ganz vielen verschiedenen Varianten backen kann.

NUSS-
Ecken

FÜR 1 BACKBLECH

Für den Mürbeteig
- 130 g Butter, plus etwas mehr für die Form
- 300 g Mehl (Type 405), plus etwas mehr für die Form
- 1 TL Backpulver
- 90 g Zucker
- 2 Pck. Vanillezucker
- 2 Eier (Größe M)
- Salz

Für die Nussfüllung
- 200 g Butter
- 150 g Zucker
- 2 Pck. Vanillezucker
- 400 g frisch gemahlene Haselnusskerne

Außerdem
- 3 gehäufte EL Himbeer-konfitüre
- 1 große Packung Schoko-guss (ca. 500 g)

SO GEHT'S

1 Ein Backblech mit Butter einfetten und mit Mehl bestäuben.

2 Für den Mürbeteig alle Zutaten und 1 Prise Salz in eine Schüssel geben und erst mit den Knethaken des Handrührgeräts, dann mit den Händen zügig zu einem geschmeidigen Teig verkneten. Den Teig auf einer leicht bemehlten Arbeitsfläche auf Backblech-größe ausrollen. Auf das Blech legen und damit auskleiden, dann ca. 30 Minuten kühl stellen.

3 Den Boden mit einer Gabel mehrfach einstechen und die Him-beerkonfitüre gleichmäßig darauf verteilen. Den Backofen auf 180 °C (Ober-/Unterhitze) vorheizen.

4 Für die Nussfüllung Butter, Zucker, Vanillezucker und 5 EL Was-ser in einen Topf geben und unter Rühren aufkochen. Der Zucker sollte sich gelöst haben. Vom Herd nehmen und die Haselnüsse einrühren. Auf dem Mürbeteigboden verteilen.

5 Den Teig im heißen Ofen (Mitte) 20–25 Minuten backen. Aus dem Ofen nehmen und sofort in Dreiecke schneiden. Die Nuss-ecken auf einem Kuchengitter auskühlen lassen.

6 Schokoladenguss im heißen Wasserbad oder in der Mikrowelle schmelzen. Die beiden spitzen Ecken der Nussecken hineintunken und auf Backpapier trocknen lassen.

TIPP

Wer lieber Kokos als Nüsse mag, nimmt statt 400 g gemahlener Haselnüsse 220 g Kokosraspel!

ZIMTSCHNECKEN

mit Cream-Cheese-Frosting

FÜR 12–14 STÜCK

Für den Hefeteig
- ½ Würfel frische Hefe (21 g)
- 70 g Zucker
- 700 g Mehl (Type 405)
- Salz
- 200 ml lauwarme Milch
- 2 Eier (Größe M)
- 60 ml Rapsöl, plus etwas mehr für die Form

Für die Füllung
- 190 g brauner Zucker
- 2–3 TL gemahlener Zimt
- 120 g weiche Butter

Für das Frosting
- 60 g Butter
- 120 g Frischkäse
- 1 TL Vanillepaste
- 80–100 g Puderzucker

Außerdem
- Auflaufform

SO GEHT'S

1 Die Hefe zerkrümeln und zusammen mit 1 Prise Zucker in 100 ml lauwarmem Wasser auflösen. Nach ca. 5 Minuten die aufgelöste Hefe mit ca. einem Drittel des Mehls vermengen, bis sich die Zutaten ganz grob verbunden haben. Das restliche Mehl, Zucker, 1 TL Salz, Milch, Eier und Öl dazugeben und zu einem glatten (leicht klebrigen) Teig verkneten. Wenn der Teig etwas zu sehr klebt, dann können noch bis zu 70 g mehr Mehl hinzugegeben werden.

2 Den Teig mit Frischhaltefolie oder einem leicht angefeuchteten Geschirrtuch bedecken und an einem warmen, dunklen Ort ca. 1 ½ Stunden gehen lassen, bis er sich ungefähr verdoppelt hat.

3 Den Ofen auf 180 °C Ober-/Unterhitze (160 °C Umluft) vorheizen. Währenddessen eine Auflaufform einfetten und mit Backpapier auslegen. Für die Füllung Zucker und Zimt miteinander verrühren und beiseitestellen.

4 Den Hefeteig ohne zu kneten auf einer bemehlten Arbeitsfläche zu einem Rechteck mit 3–4 mm Dicke ausrollen. Den Teig mit der weichen Butter bestreichen und mit dem Zimtzucker bestreuen, dabei einen kleinen Rand frei lassen. Den Teig aufrollen und mit einem scharfen Messer in 3–4 cm breite Scheiben schneiden.

5 Die Röllchen mit der Schnittfläche nach oben in die Form legen, abdecken und 20 Minuten gehen lassen. Anschließend 15–20 Minuten im heißen Ofen (Mitte) backen.

6 Für das Frosting Butter und Frischkäse mit Vanillepaste glatt rühren. Den Puderzucker sieben, dazugegeben und gut unterrühren. Nach dem Backen die Zimtschnecken noch warm mit dem Frosting bestreichen und warm oder kalt genießen.

HIMBEER-
Franzbrötchen

FÜR 12–14 STÜCK

Für den Teig
- 1 Würfel frische Hefe (42 g)
- 200 ml lauwarme Kokosmilch
- 450 g Dinkelmehl (Type 630)
- 50 g Rohrohrzucker
- Salz
- 50 g weiche Butter
- 1 Eigelb (Größe M)

Für die Füllung
- 125 g Himbeeren
- 90 g Rohrohrzucker
- Mark von 1 Vanilleschote
- 140 g weiche Butter
- 2 EL gemahlener Zimt

SO GEHT'S

1 Die Hefe in die lauwarme Kokosmilch bröseln und auflösen. In einer Rührschüssel Mehl, Zucker und 1 Prise Salz vermischen. Hefemilch, Butter und Eigelb hinzugeben und zu einem geschmeidigen Teig verarbeiten. Abgedeckt an einem warmen Ort 45 Minuten gehen lassen. Den Teig nach der Gehzeit noch mal kräftig durchkneten und weitere 25 Minuten gehen lassen.

2 Die Arbeitsfläche mit Mehl bestäuben und den Hefeteig zu einem großen Rechteck (ca. 1 cm dick) ausrollen. In der Zwischenzeit den Backofen auf 180 °C (Ober-/Unterhitze) vorheizen und ein Backblech mit Backpapier auslegen.

3 Für die Füllung die Himbeeren verlesen, waschen und auf einem Küchentuch vollständig trocknen lassen. Den Zucker mit dem Vanillemark vermischen. Nun 75 g des selbst gemischten Vanillezuckers, 125 g Butter und 1 ½ EL Zimt cremig rühren und auf dem ausgerollten Teig verstreichen. Mit den Himbeeren belegen, dann von der Längsseite her fest aufrollen. Anschließend die Teigrolle mit einem scharfen Messer in 12–14 Stücke schneiden.

4 Nun den Stiel eines Kochlöffels mittig in die Rollen drücken (dadurch entsteht die typische Form des Gebäcks). Die Franzbrötchen mit etwas Abstand auf ein Backblech setzen, mit einem Küchentuch abdecken und 20 Minuten gehen lassen.

5 Die restliche Butter schmelzen. Den restlichen Vanillezucker mit ½ EL Zimt mischen. Die Brötchen mit der geschmolzenen Butter bestreichen und mit der Zucker-Zimt-Mischung bestreuen, dann im heißen Backofen (Mitte) 20–25 Minuten goldbraun backen. Kurz auskühlen lassen und lauwarm genießen.

CHOCOLATE-
Chip-Cookies

FÜR CA. 25 STÜCK

– 340 g Mehl (Type 550)
– 1 TL Natron
– Salz
– 220 g weiche Butter
– 180 g Zucker
– 220 g Muscovado-Zucker (siehe Tipp)
– 1 ½ TL Vanilleextrakt
– 2 Eier (Größe M)
– 120–150 g Zartbitter-Schokoladendrops

Außerdem
– Eisportionierer

SO GEHT'S

1 Das Mehl mit Natron und ½ TL Salz vermischen und zur Seite stellen. Den Ofen auf 180 °C Ober-/Unterhitze (160 °C Umluft) vorheizen und ein Backblech mit Backpapier auslegen.

2 Butter, beide Zuckerarten und Vanille mit dem Handrührgerät 3 Minuten cremig aufschlagen. Die Butter sollte dazu zwar schön weich sein, aber auf keinen Fall flüssig. Die Eier hinzugeben und weitere 3 Minuten aufschlagen, bis die Masse schön fluffig aussieht. Anschließend die Mehlmischung mit einem Holzlöffel unterrühren – der Teig ist perfekt, wenn gerade so kein Mehl mehr zu sehen ist. Zum Schluss die Schokolade unterheben.

3 Mithilfe eines Eisportionierers (oder zwei Esslöffeln) kleine Häufchen auf das Blech setzen. Genügend Abstand lassen, da die Cookies stark zerlaufen. Im heißen Ofen (Mitte) 8–10 Minuten backen.

4 Die Kekse sind im warmen Zustand noch sehr weich, das ist aber normal. Direkt nach dem Backen sind die Cookies noch leicht gewölbt, fallen dann beim Abkühlen aber ein und bilden den superleckeren, weichen Kekskern. Sie sollten vor dem Servieren mindestens 20 Minuten abkühlen, können aber auch als Dessert, noch warm aus dem Ofen, mit einer Kugel Vanilleeis serviert werden.

TIPP

Heller Muscovado-Zucker ist etwas milder, dunkler etwas kräftiger im Geschmack. Ersatzweise können auch 200 g brauner Zucker und 1 TL Zuckerrübensirup verwendet werden – das Backergebnis ist aber anders als mit Muscovado-Zucker.

Klassische
AMERIKANER

FÜR 12 STÜCK

- 150 g zimmerwarme Butter
- 200 g Zucker
- 4 Eier (Größe M)
- 500 g Mehl (Type 405)
- 1 Pck. Backpulver
- 200 ml Milch
- 400 g Puderzucker

SO GEHT'S

1 Den Ofen auf 180 °C (Ober-/Unterhitze) vorheizen. Ein Backblech mit Backpapier auslegen.

2 Die zimmerwarme Butter mit dem Zucker in einer Schüssel mit dem Handrührgerät mehrere Minuten schaumig schlagen. Die Eier nacheinander dazugeben und gut unterrühren.

3 Das Mehl mit dem Backpulver mischen. Die Hälfte davon auf die Eiermasse sieben und mit der Hälfte der Milch unter die Butter-Eier-Masse rühren. Nun den Rest der Mehlmischung und der Milch ebenfalls unterrühren.

4 Mit einem Esslöffel Teigkugeln abstechen und diese im Abstand von 3 cm auf das Backblech setzen. Den Teig im heißen Ofen (Mitte) 20 Minuten backen, dann die Stäbchenprobe machen. Die Küchlein aus dem Ofen herausnehmen und mit der flachen Seite nach oben auf einem Kuchengitter auskühlen lassen.

5 Den Puderzucker mit 2 EL Wasser zu einem festen Guss verrühren. Die abgekühlten Amerikaner großzügig mit dem Zuckerguss bestreichen, trocknen lassen und genießen.

TIPP

Wer ein bisschen Abwechslung zum Zuckerguss möchte, bestreicht die Hälfte der Amerikaner mit einer Schokoladenglasur.

FLUFFIGE DONUTS

mit Topping

FÜR 10–15 STÜCK

- ½ Würfel frische Hefe (21 g)
- 65 g Zucker
- 420 g Mehl (Type 550)
- 1 Pck. Vanillezucker
- Salz
- 35 g Butter
- 150 ml lauwarme Milch
- 1 Ei (Größe M)
- Öl zum Frittieren

Für die Toppings
- Puderzucker, Kuchenglasur, Zitronenguss, Kuvertüre, Streusel (nach Belieben)

SO GEHT'S

1 Hefe zerkrümeln und mit 30 ml lauwarmem Wasser und 1 Prise Zucker verrühren. Das Mehl mit restlichem Zucker, Vanillezucker und ½ TL Salz vermengen. Die Butter zerlassen, mit der Milch und dem Ei verquirlen und zu dem Mehl in die Schüssel geben. Die Hefe-Wasser-Mischung dazugeben und ca. 10 Minuten zu einem geschmeidigen Teig kneten. Mit einem angefeuchteten Küchentuch oder Frischhaltefolie abdecken und ca. 1 Stunde gehen lassen.

2 Anschließend den Teig, ohne ihn zu kneten, etwa fingerdick ausrollen und mit runden Ausstechern (z. B. einem Glas oder Dessertring etc.) Kreise ausstechen. Aus diesen Kreisen noch mal kleinere Kreise ausstechen, sodass Ringe entstehen. Mit einem Geschirrtuch abdecken und erneut 30 Minuten gehen lassen.

3 In der Zwischenzeit das Frittierfett erhitzen. Am besten eignet sich eine Fritteuse, aber ein großer Topf funktioniert auch. Bei der Fritteuse die Temperatur auf 150–160 °C einstellen. Den Herd auf mittlere Stufe einstellen und das Fett in einem großen Topf langsam erhitzen. Um zu prüfen, ob das Fett bereit zum Frittieren ist, den Stiel eines Holzlöffels oder einen Holzspieß in das heiße Fett hineintauchen. Wenn sich Bläschen bilden, hat das Fett die richtige Temperatur erreicht.

4 Die Donuts bei mittlerer Hitze von beiden Seiten 3–4 Minuten ausbacken. Zwischendurch wenden. Nach dem Frittieren auf etwas Küchenpapier abtropfen lassen. Zum Schluss können sie nach Belieben mit Schokolade, Zuckerguss oder Glasur überzogen und mit bunten Streuseln verziert werden.

IMPRESSUM

EIN BUCH DER EDITION MICHAEL FISCHER

1. Auflage 2023

© 2023 Edition Michael Fischer GmbH, Donnersbergstr. 7, 86859 Igling

Covergestaltung und Satz: Anna Fiedler
Projektleitung und Lektorat: Johanna Ederer

Texte & Rezepte: S. 7–9: Emma Friedrichs & Monique Ascanelli; S. 12, 28, 34, 36, 38, 40, 46, 54, 58, 62: Christine Kuhlmann; S. 14, 20, 44, 60: Gabriele Gugetzer; S. 16, 22, 24, 26, 32, 48, 56: Sabrina Sue Daniels; S. 18, 42, 50, 52: Sara Plavic & Tamara Staab; S. 30: Emma Friedrichs.

Fotos & Illustrationen: S. 2, 3 (oben), 10, 13, 29, 35, 37, 39, 41, 47, 55, 59, 63: © Jasmin Krause; S. 3 (unten), 17, 23, 25, 27, 33, 49, 57: © Sabrina Sue Daniels; S. 4, 15, 21, 45, 61: © Claudia Timmann, Hamburg; S. 6, 7: © Qualit Design/Shutterstock; S. 9, 31: © Emma Friedrichs; S. 19, 43, 51: © Sara Plavic; S. 53: © Tamara Staab.

ISBN 978-3-7459-1875-5

Gedruckt bei PNB Print SIA „Jansili", Silakrogs, Ropazu novads, LV-2133, Lettland

www.emf-verlag.de